Vorname: Theresa hellebrand
Name: Theresa

MEIN FORSCHER-
HANDBUCH
Am Meer
CARLSEN

Wegweiser

Hinweise vor dem Ausflug

Ein kleines Bad erwünscht?

Vorsicht vor starker Sonneneinstrahlung und Sonnenstich:

• *Statte dich mit einem Sonnenhut, einem T-Shirt und einer Sonnenbrille aus. Die Sonnencreme musst du etwa alle 2 Stunden neu auftragen und auch nach dem Sonnen braucht deine Haut Pflege. Denk auch daran, genug zu trinken und dich regelmäßig abzukühlen.*

SICHER BADEN

• *Halte dich an die Farbe der Fahne am Strand: Bei roter Fahne ist Baden verboten!*

• *Es ist besser, wenn du nur in bewachten Zonen badest.*

• *Warte nach dem Essen mindestens eine Stunde, bevor du ins Wasser gehst.*

• *Geh schrittweise ins Wasser, um einen Kälteschock zu vermeiden.*

• *Geh nicht alleine baden oder benachrichtige einen Erwachsenen.*

• *Schwimme parallel zum Strand und nicht zu weit ins Meer hinaus und schwimme nicht in die Fahrrinne der Boote!*

Erkundungen im Watt

Achte auf die Gezeiten!

• *Wandere bei Ebbe nicht zu weit ins Meer hinein. Das Meer steigt an verschiedenen Stellen unterschiedlich schnell an. Du könntest vom Wasser umzingelt werden und in große Schwierigkeiten geraten.*

Andere Tipps:

• *Zieh immer Sandalen an, wenn du an Felsen klettern oder am Strand spazieren willst. Du könntest auf eine Qualle oder einen Seeigel treten, dich an einer Krabbe piksen oder dich an einer Glasscherbe oder anderen scharfen Gegenständen im Meer verletzen.*

• *Wirf niemals Abfall auf den Strand! Das Meer und die Küsten sind leider schon genug mit Müll verschmutzt.*

• *Nimm Rücksicht auf jede Art von Leben und schütze unseren schönen Planeten.*

Wind und Wellen

Vergiss nie, dass das Meer mit all seiner Schönheit und seinen Gefahren eine Naturgewalt ist.

In der römischen Mythologie heißt der Gott des Meeres Neptun. Bei den Griechen heißt er Poseidon.

Eine unvollendete Skulptur
Sand- oder Kieselstrände, schroffe Felsklippen, Lagunen, Felsenbuchten … das Meer formt die Natur unermüdlich weiter.

Treibholz

Das vom Meer angespülte Treibholz hat eine oberste Schicht namens Patina bekommen. Künstler verwenden dieses Holz sowie alle möglichen anderen vom Meer angeschwemmten Dinge für ihre Kunstwerke.

ein Wellenbrecher

Um der Macht der Wellen entgegenzutreten, hat der Mensch Wellenbrecher aus Holz oder aus Steinen erfunden.
Sie sollen die Häfen, Strände und Küsten schützen, die von Uferabbruch bedroht sind, das heißt von Abschwemmung durch Wellen.

Schiffe bei Ebbe

Flut und Ebbe am Mont-Saint-Michel (Normandie, Frankreich)

ES STEIGT UND ES SINKT!
Mit „**Gezeiten**" bezeichnet man den Anstieg und Abstieg des Meeresspiegels.

Das Auflaufen des Wassers wird **Flut** genannt, das Ablaufen **Ebbe**.

Entdeckungen bei Ebbe

Wattwürmer graben sich Tunnel durch Sand und Schlick und schlucken den Sand. Dann filtern sie ihn und behalten nur die organischen Teile, von denen sie sich ernähren. Die kleinen Hügel, die du am Strand siehst, sind die wieder ausgespuckten Reste des schon gefilterten Sandes.

Über der Erde sind Wattwürmer verletzlich und werden von zahlreichen Vögeln gefressen.

WUSSTEST DU DAS?
Die Strandflöhe, die du überall am Strand herumhüpfen siehst, fürchten die Sonne. Während des Tages buddeln sie sich im weichen Sand ein, damit sie nicht vertrocknen.

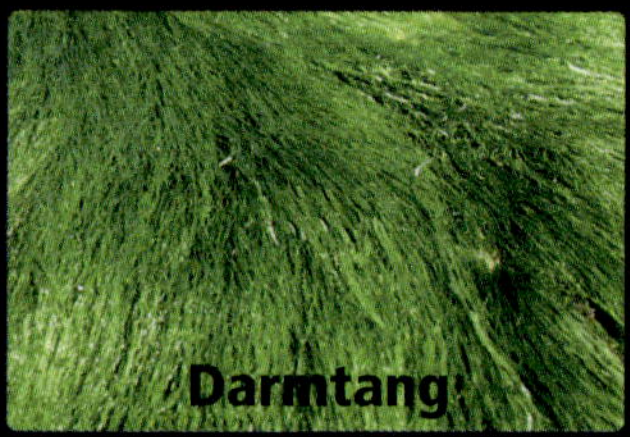

Spiraltang

Hände und Füße!
Auf der Unterseite der Arme des Seesterns sind empfindsame Füße, dank deren die Seesterne sich fortbewegen und die Umgebung ertasten können.

Seesterne

ein Seeigel

Einsiedlerkrebse

Die Seeigel haben ein inneres Kalkskelett.

IMMER DAS PASSENDE HAUS

Der Einsiedlerkrebs sucht Schutz unter einem leeren Schneckenhaus. Wenn die Schale zu klein für ihn wird, sucht er nach einem größeren Haus. Die frei gewordene Schneckenschale kann dann das Zuhause für einen kleineren Krebs werden.

Tritt bloß nicht auf mich drauf: Ich brenne auf der Haut!

ein Seehund

die Kapsel eines Rocheneis

Keine Angst, die Kapsel ist leer, wenn du sie am Strand findest!

Rocheneier umgibt bei der Eiablage eine schützende Kapsel. Die Embryonen entwickeln sich in dieser Hülle und schlüpfen Monate später als Babyrochen hinaus.

eine Gemeine Strandkrabbe

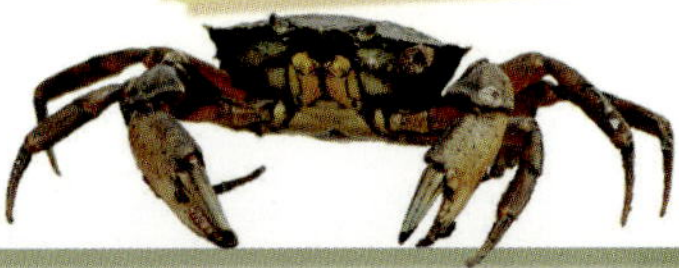

Meine Naturforscher-Notizen

Erlebnisse, die mich bewegt haben, Zeichnungen,
die ich nach meinen Beobachtungen angefertigt habe ...

ich habe ein wadwurm gefunden

der Wadwurm war rosa

Pflanzenwelt am Meer

Strandhafer
(Pflanzenart der Dünen) gedeiht trotz des Sandes, der sie bedeckt. Die Wurzeln bilden einen Wasserspeicher tief unter dem Sand. So können sie gegen den Wind kämpfen und die Dünen befestigen, die ohne die Pflanzen keinen Halt hätten.

Strandhafer

wilde Stiefmütterchen

Oberhalb der Flutzone schmücken **Flechten** die Felsen mit gelb-orangen Mustern.

Flechten

Stechginster und Heidekraut verschlingen sich ineinander und bilden einen Teppich auf der Heide.

Vorsicht vor meinen Stacheln!

ein Stechginsterzweig

Strandwinde

Widderchen

Heidekraut

eine Eidechse

Stranddistel

Im Sommer heften sich die Strandschnecken in ganzen Trauben an die Pflanzen. Ihr Haus ist durch Schneckenschleim verschlossen. So weichen sie den extrem hohen Temperaturen des Sandes aus.

eine Spitzmaus

eine Kröte

Pflanzenwelt am Meer

ein Bläuling

Steinbrech(gewächs)

Der Echte **Meerkohl** gehört zu derselben Familie wie die Senfpflanze. Seine weißen Blüten (im Juni/Juli) haben einen starken Duft und locken damit Insekten an, die die Blüten bestäuben. Du kannst sie auch auf vielen Algen sehen, wenn diese zerfallen.

Meerkohl

eine Biene

eine Hummel

ein Fuchswelpe

Ihre Wurzeln reichen sehr tief in den Sand hinunter, so gelangen sie an Wasser, das sie zum Überleben brauchen.

Vorsicht, der Stängel der Wolfsmilch enthält eine zähe weiße Flüssigkeit. Diese ist giftig und kann die Haut reizen!

Strand-Wolfsmilch

Strand-Grasnelke

Das Samtgras wird auch Hasenschwänzchen oder Hasenschwanz-Gras genannt.

ein Admiral

eine Häsin und ihre Jungen

Blausterne

eine Viper

Achte an Küsten immer darauf, wohin du deine Füße setzt, vor allem im Frühling!

Strandflieder

Meine Naturforscher-Notizen

Pflanzen, die ich gesehen habe, Erlebnisse, die mich bewegt haben, Zeichnungen, die ich nach meinen Beobachtungen angefertigt habe ...

Meeres- und Küstenvögel

1
Vogel mit der größten Flügelspannweite*

Man nennt ihn auch **Großer Albatros**. Er hat die größte Flügelspannweite von allen Vögeln: im Durchschnitt zwischen 3,00 m und 3,50 m.

ein Wanderalbatros

Der junge Albatros braucht über ein Jahr, um selbständig zu werden. Das erklärt, warum das Weibchen nur alle 2 Jahre ein Ei legt.

bis zu 12 kg

Das Federkleid des Albatros wird immer weißer, je älter er wird.

1
größte Möwe

bis zu 2 kg

eine Mantelmöwe

Die **Möwen** fressen Fische, Weichtiere, Insekten, Vogeleier und sogar Aas – kurz, alles, was ihnen vor den Schnabel kommt!

Bis zu 1kg

eine Silbermöwe

*Flügelspannweite: Abstand zwischen den Enden der beiden ausgebreiteten Flügel

Lachmöwen (Winter)

Lachmöwe (Sommer)

Raubseeschwalben

Im Sommer stellt die Lachmöwe ihr Brautfederkleid zur Schau: Die Kopffedern werden dunkelbraun. Im Winter werden die Federn wieder weiß und es bleibt nur ein kleiner brauner Fleck hinter jedem Auge. Ihren Namen hat sie von den Lachen (Pfützen), in denen sie oft anzutreffen ist.

eine Dreizehenmöwe

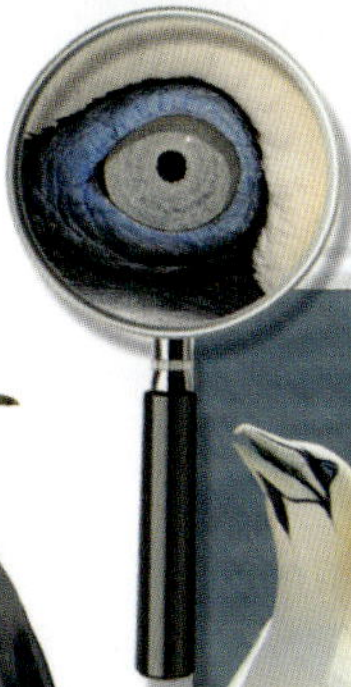

Der Basstölpel hat große Schwimmfüße mit blauen Linien.

Basstölpel

Der Kormoran ist ein guter Fischer. Er kann bis zu 10 m tief tauchen, um seine Beute zu schnappen!

ein Kormoran
(Jungvogel)

Kormoran
(erwachsen)

Meeres- und Küstenvögel

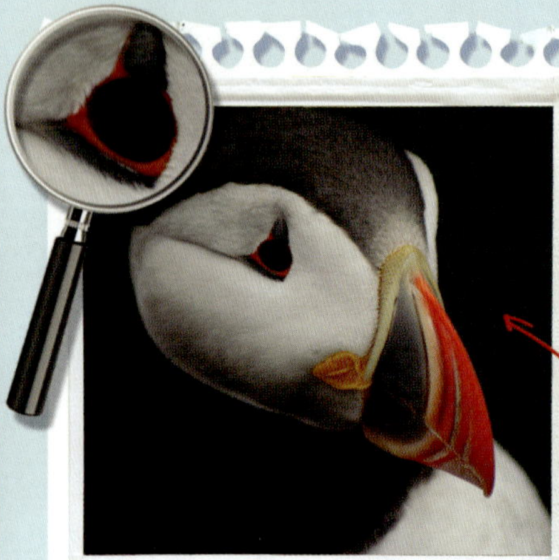

ein Papageitaucher

Die Papageitaucher nisten in Felswänden. Sie sind meist lautlos, aber manchmal geben sie Schreie von sich, die sich ganz jämmerlich anhören.

Die Familie der Alkenvögel
Zu ihr gehören die Papageitaucher, die Lummen, die Krabbentaucher und die Tordalke. Sie haben alle ein schwarzweißes Federkleid, einen gedrungenen Körper und Flügel, mit denen sie sich unter Wasser fortbewegen können. Sie sind ausgezeichnete Taucher!

eine Trottellumme

ein Tordalk

ein Königspinguin

Die Trottellummen sind sehr hübsch, sie haben immer ein tadelloses Federkleid. Sie glätten und säubern es permanent.

Die Kolonien der Tordalke akzeptieren gerne Besucher. Man kann sie leicht beobachten.

Bitte verwechsle nicht die Tordalke mit den Pinguinen! Die Pinguine leben am Südpol und können nicht fliegen!

ein Pelikan

ein Löffler

Der Löffler
ist ein Stelzvogel und hat seinen Namen von seinem langen platten Schnabel, der wie ein Löffel aussieht. Er benutzt ihn, um kleine Krebse und Insekten aus dem Wasser zu filtern.

ein Seidenreiher

ein Rosaflamingo-Küken

Die Küken der Rosaflamingos sind ganz weiß. Durch den Verzehr von kleinen Krebstieren werden sie ab dem dritten Lebensjahr langsam rosa.

Meeres- und Küstenvögel

ein Säbelschnäbler (Jungvogel)

Der erwachsene Säbelschnäbler wird dort schwarz, wo er als Jungvogel braun ist.

ein Stelzenläufer

Der Säbelschnäbler ernährt sich von Schalentieren, Larven und Würmern.

Ein Stelzenläufer legt von Mai bis Juni 3–4 Eier und versteckt sie in einer blätterbedeckten Mulde im Schlick oder Sand.

der Regenbrachvogel

Der Brachvogel ist ein furchtsamer Vogel, den man selten sieht. Aber sein Schrei ist bekannt: kurli-i.

ein Alpenstrandläufer

eine Bekassine

ein Austernfischer

Der Austernfischer kann Muschelschalen öffnen, um das Muschelinnere zu essen. Er mag vor allem Miesmuscheln, Herzmuscheln und Austern.

ein Graureiher

Je nach Jahreszeit kannst du an den Küsten Zugvögel sehen, die auf ihrer Reise eine Rast einlegen oder dort Zuflucht suchen.

eine Graugans

ein Eisvogel

ein Höckerschwan

eine Bachstelze

ein Haubentaucher

ein Blässhuhn

Meine Naturforscher-Notizen

Vögel, die ich gesehen habe, Erlebnisse, die mich bewegt haben, Zeichnungen, die ich nach meinen Beobachtungen angefertigt habe ...

ein Passagierschiff

Salz

eine Signalfahne am Strand

ein Palstek

Seesterne

ein Einsiedler-krebs

eine Turritella-Muschel

eine Kauri-schnecke

eine Bekassine

Kreiselmuscheln

eine Gemeine Strandkrabbe

ein Stelzenläufer

ein Rettungsring

eine Weberspindel

Heidekraut
ein Nachtfalter
ein Widderchen
ein Hummer
eine Garnele
ein Hornhecht
eine Lachmöwe
Seeigel-
Skelette
eine Pilgermuschel
ein Kormoran
ein
Bläuling
eine
Sibermöwe
ein Thunfisch
ein Löffler

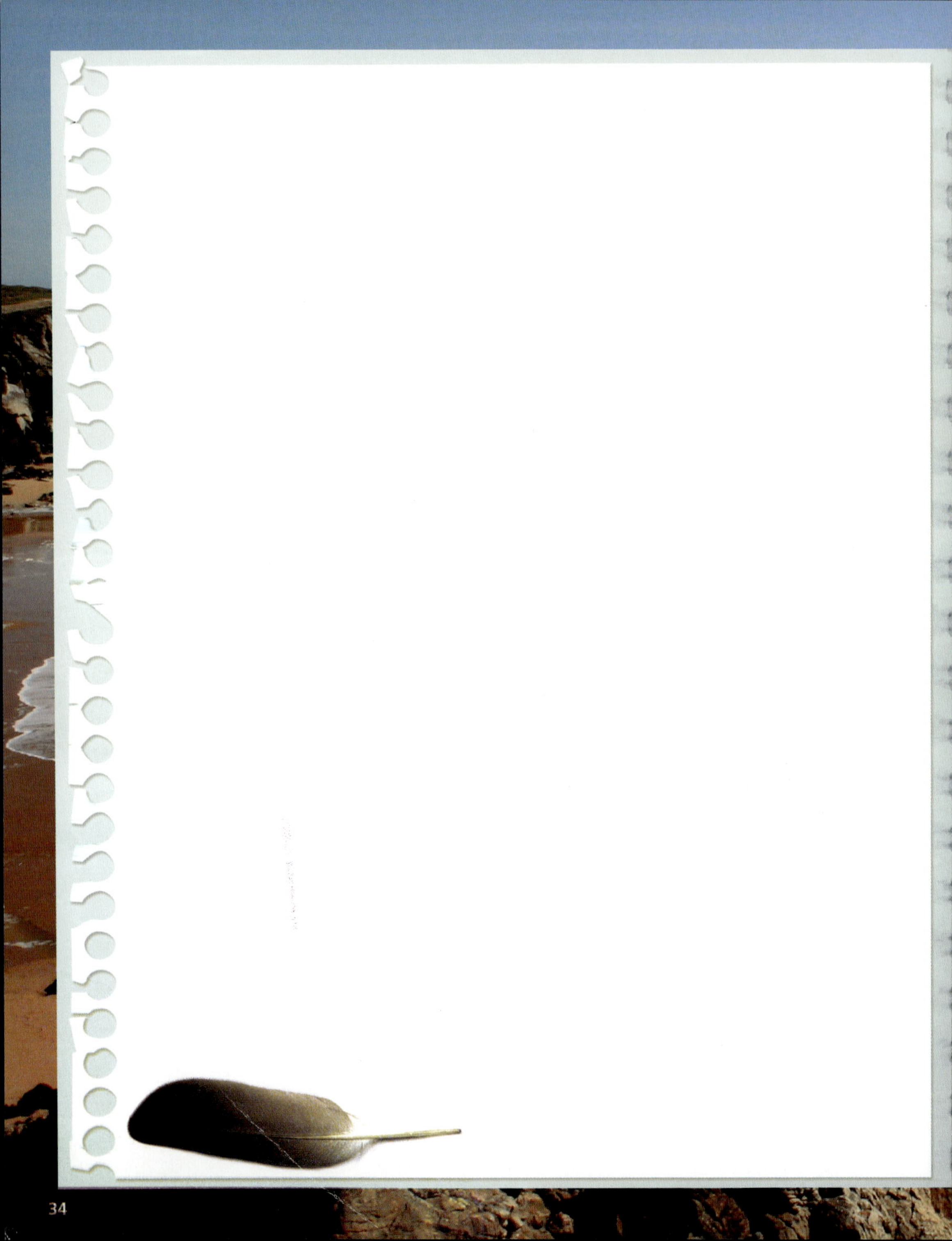

Muscheln und Schnecken

Die Große Strandschnecke ist die bekannteste **Schnecke!**

flache Strandschnecken

Taschengeld?
Genau wie Salz wurden auch die Muschelschalen und Schneckenhäuser lange als Zahlungsmittel benutzt. Sie waren leicht zu transportieren und daher sehr wertvoll. Sie wurden überall im Land verwendet, auch weit vom Meer entfernt. Heute werden sie in vielen Ländern (in Afrika oder Ozeanien zum Beispiel) als Schmuck bei Feierlichkeiten getragen (Ketten, Armbänder, Haarschmuck).

Turmschnecken

eine Flügelschnecke

Kreiselschnecken

eine Veilchenschnecke

eine Kamm-muschel

Die Gemeinen Napfschnecken ernähren sich dank ihrer rauen Zunge von Algen, die auf den Felsen leben. Wenn das Meer ansteigt, ziehen die Algen nur ein Stück weiter, ohne sich zu weit von ihrem Felsen zu entfernen.

die Gemeine Napfschnecke

Tellmuscheln

Die bekannteste der Wellhornschnecken ist diese.

Wellhornschnecken

Kaurischnecken oder Porzellanschnecken

Stachelschnecken

Muschelsuchen im Watt

Im Watt kannst du jede Menge Muscheln finden

Achtung!
Fast das gesamte **Wattenmeer** steht unter **Naturschutz**. der deutsche und niederländische Teil gehört sogar seit 2009 zum UNESCO-Weltnaturerbe. In Deutschland ist es verboten, Muscheln und andere Lebewesen aus dem Wattenmeer mitzunehmen.

Die Gezeiten warten nicht!
Um sicherzugehen, solltest du unbedingt zwei Stunden vor der angekündigten Ebbe vor Ort sein. Schreib dir die Uhrzeit auf oder merk dir, wann die Ebbe kommt. Und bleib auf der Hut: Wenn das Meer ansteigt, geh zügig zur Küste zurück.

In Deutschland ist die **Wattfischerei** verboten. Dagegen gibt es in Frankreich sogar Kalender für die beste Wattfisch-Zeit.

Wattfischen von wilden Muscheln

Wilde Austern sehen oft ganz sonderbar aus: Sie nehmen manchmal die Form des Felsens an, auf dem sie sich festsetzten. Austernschalen werden oft gemahlen und für die Herstellung einiger Medikamente verwendet. Austernfleisch gilt als Delikatesse.

Scheidenmuscheln bevorzugen Sand- und Schlickböden. Sie haben ein langes, schmales Gehäuse. In der Nordsee werden sie bis zu 25 cm lang. In einigen Ländern Europas, wie Frankreich oder Spanien, stehen sie nicht nur auf der Speisekarte der Vögel.

Herzmuscheln findest du, indem du den Schlick beiseiteschiebst. Sie gehören zu den häufigsten Muscheln in der Nordsee. Im Mittelmeer scheint sie jedoch zu fehlen.

Herzmuschelsuchen

Scheidenmuscheln

Herzmuscheln

Mich findest du besonders häufig in der Nähe von Muschelbänken, Buhnen oder Molen.

Große Strandschnecken

Wir gehen Fischern oft ins Netz

Krabbenfischer

Meine Naturforscher-Notizen

Muscheln, die ich gesehen habe, Erlebnisse, die mich bewegt haben, Zeichnungen, die ich nach meinen Beobachtungen angefertigt habe ...

Berufe am Meer

Salzgewinnung

der Europäische Queller (Pflanze in Salzgärten)

Ein **Salzgarten** besteht aus angelegten Becken, aus denen man Meersalz gewinnen kann. Das Wasser läuft dank der geneigten Form der Becken von einem in das nächste.

ein Salzbauer

Das extrem salzhaltige Wasser hat eine rötliche Farbe.

Salzgarten mit Kanälen

1. Mitte Mai wird das Wasser in ein großes Becken geleitet, wo es gereinigt wird. Der Schlick und der Schmutz sinken auf den Boden.

2. Das Wasser fließt nun von einem ins nächste Becken und landet dadurch immer tiefer. Durch die Sonneneinstrahlung und den Wind verdunstet das Meerwasser und die Konzentration des Salzgehaltes nimmt zu.

3. Im letzten Becken angekommen, ist das Wasser extrem salzhaltig. Man nennt es jetzt Sole. Das Salz kristallisiert und setzt sich ab. Jetzt kann man es einsammeln und auf große Haufen schichten, wo es trocknen kann.

Fleur de sel (frz. Salzblume)

Das Sel gris (frz. graues Salz) setzt sich am Boden des Beckens ab und behält seine graue Farbe.

die Fischerei

ein Fischer auf seinem Kutter

Für jeden die passende Ausrüstung!
Tatsächlich gibt es ganz unterschiedliche Arten, Fische zu fangen. Meerestiere werden mit Reusen gefischt, Sardinen mit Netzen und Barsche werden mit der Angel gefangen.

Schollenfang

Ein Fischernetz ist mehrere Quadratmeter groß und wird mit einer Seilwinde ins Meer hinabgelassen.

Auf der Rückfahrt vom Fischen werden wir von Möwen begleitet!

ein Schiffszimmerer

Die Technik im **Schiffsbau** hat sich mit der Zeit stark verändert. Doch Holz, Stahl und Harz gehören seit jeher dazu.

Man spricht von „Schiffszimmerern“, denn der Rohbau eines Schiffsrumpfes erinnert an den Dachstuhl eines Hauses.

Berufe am Meer

Austernzucht

Austernzüchter haben ganz flache Boote. Die Austern werden in großen Säcken aus Plastiknetzen großgezogen.

Boot eines Austernfischers

Die Säcke mit den Austern liegen auf hohen Eisentischen.

ein Transportkorb

Man sortiert die Austern nach Größe in die unterschiedlichen Körbe.

1. Die Züchter fangen junge Austernlarven. Nach drei Wochen werden diese zu kleinen Austern, dem Muschellaich. Nach 18 Monaten bringen die Züchter sie mit ihren Booten zu den Zuchtanlagen, wo sie je nach Zuchtmethode entweder in Säcken oder am Boden gelagert werden.

2. Die Züchter wenden die Säcke regelmäßig, damit die Austern gleichmäßig wachsen können. Sie müssen sie außerdem immer wieder mit Meerwasser befeuchten. Nach einiger Zeit werden die ausgewachsenen Austern aus dem Meer gefischt.

Miesmuschelzucht

Es gibt zwei verschiedene Techniken, um Muscheln zu züchten:

Muschelzucht auf Pfählen

Muschelzucht auf der Leine

Ein Muschelzaun besteht aus Pfählen von 2 bis 6 m Höhe.

Ein Muschelzüchter kontrolliert seine Muschelzäune.

Hier wird Muschellaich gefangen.

Muschelzäune bei Ebbe

DIE TECHNIK DES MUSCHELZAUNS: (in der Nähe der Küsten)
Um Muschellarven zu fangen, hängt man Seile zwischen die Pfähle, an denen die Larven sich festheften. Jetzt muss man die Seile nur noch um die Pfähle wickeln und warten, dass die Muscheln wachsen. Sie werden so groß, dass die Pfähle komplett mit Muscheln bedeckt sind. Um sie zu ernten, sammelt man die Pfähle ein, löst die Muscheln ab und bringt die Pfähle wieder zurück, um neue Larven anzubringen.

DIE TECHNIK MIT DER LEINE: (weiter draußen auf dem Meer)
Die Technik besteht darin, eine lange Leine anzubringen, von der Seile mit Muscheln herabhängen. Die Konstruktion ist fest im Meeresboden verankert. Bojen im Meer verweisen auf die Muschelzucht.

Meine Naturforscher-Notizen

Muscheln, die ich gesehen habe, Erlebnisse, die mich bewegt haben, Zeichnungen, die ich nach meinen Beobachtungen angefertigt habe ...

Auf dem Fischmarkt

Sardinen

Ihren Namen haben sie von der italienischen Insel Sardinien.

Die Fischer wiegen, sortieren und bieten ihren Fang entweder in ihren Schuppen oder am Hafen auf dem Fischmarkt an. Hierhin kommen die Fischgroßhändler, Fischhändler, Restaurantköche und Privatpersonen, um Fische und Meeresfrüchte zu kaufen.

Fischkutter

Sardinen, Makrelen und Sardellen leben in Schwärmen. **Ein Fischschwarm** ist eine große Gruppe Fische derselben Art, die immer in der Gruppe bleiben.

Makrelen

eine Dorade

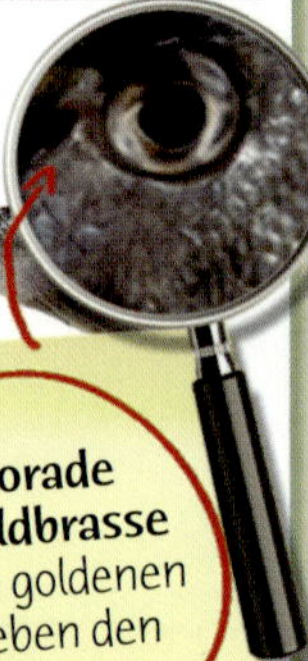

Die Dorade oder Goldbrasse hat einen goldenen Fleck neben den Augen.

eine Sardelle

ein Hornhecht

Der Rücken des Hornhechts ist grün.

Es gibt ein Dutzend verschiedene Thunfischsorten. Sie sind alle gute Schwimmer, die eine Geschwindigkeit von **bis zu 80 km/h** erreichen können.

ein Thunfisch

ein Barsch

Der Aal lebt am felsigen und sandigen Meeresboden. Als nächtlicher Räuber ernährt er sich von Fischen und Schalentieren und greift diese überraschend an. Ein einziger Schlag mit seinem Schwanz genügt, um seine Beute zu erlegen.

eine Rotbarbe

ein Aal

ein Tintenfisch

eine Scholle

eine Meerforelle

ein Knurrhahn

eine Meerbrasse

Der **Knurrhahn** kann auf dem Wasser „laufen“, um seine Nahrung zu schnappen. Und wie sein Name schon sagt, knurrt er, wenn er unzufrieden ist.

Auf dem Fischmarkt

ein Europäischer oder bretonischer Hummer

eine Languste

ein Amerikanischer Hummer

Die Farbe der Nordseegarnele ist je nach Gegend verschieden. Sie kann gräulich durchsichtig, sandgelb oder grünlich sein.

Der Hummer lässt sich leicht von der Languste unterscheiden: Er besitzt große Scheren und einen glatteren Panzer.

Nordseegarnelen

eine Langustine

eine Felsengarnele

Die Nordseegarnele ist ein Hermaphrodit. Sie ist zuerst für 1–2 Jahre männlich und wird dann weiblich.

Große Pilgermuscheln

Sie können sich ziemlich schnell im Wasser fortbewegen, indem sie ihre Schalen auf- und zuschlagen und Wasser ausstoßen.

eine Krabbe

eine Seespinne

eine grüne Krabbe

Die leeren Panzer, die am Strand herumliegen, stammen nicht von toten Krabben.

Krabben werfen ihre Panzer regelmäßig ab. Danach wachsen ihnen passende neue. Der alte Panzer öffnet sich von hinten nach vorn, um der Krabbe den Weg frei zu machen. Dann ist die Krabbe zunächst schutzlos und muss sich verstecken, bis ihr neuer Panzer nachgewachsen ist.

ein Taschenkrebs

Meine Naturforscher-Notizen

Erlebnisse, die mich bewegt haben, Zeichnungen,
die ich nach meinen Beobachtungen angefertigt habe ...

Auf hoher See

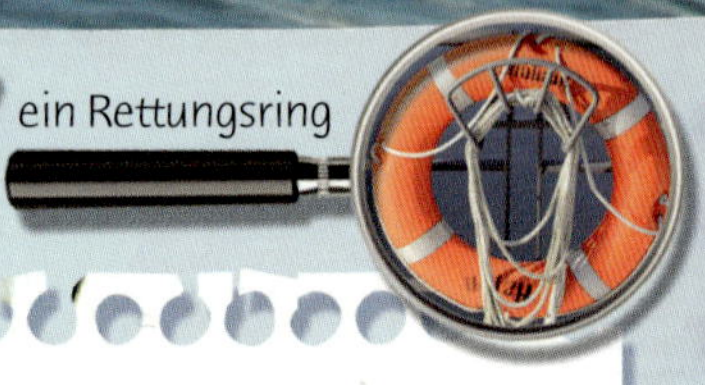

ein Rettungsring

Die Masten, das Tauwerk und all das Material, das die Masten hält, nennt man **Takelage**.

Fender

Diese luftgefüllten Gummibälle schützen das Boot beim Anlegen vor einem Stoß gegen eine Mauer oder andere Boote.

Der **BUG** ist beim Schiff ganz vorne.

Das **Heck** ist der hintere Teil des Schiffes.

der Bug eines Dreimasters

das Heck eines alten Traditionsseglers*

*Diese **alten Segelboote** sind oft einzigartige Schaustücke, die man manchmal bei Hafenfesten besichtigen kann.

ein Container-Hafen

ein Tanker

eine Kreuzfahrtyacht

Das Schicksal beschwören!

Die Tradition sieht vor, dass ein neues Schiff getauft wird, bevor es in See sticht. Bei der Gelegenheit wird eine Flasche Champagner oder Sekt an seinem Rumpf zerschlagen.

Wusstest du das? Die Titanic war nicht getauft!

ein Schlepper

ein Passagierschiff

eine Regatta

ein Segelboot

Sprich dieses Wort niemals an Bord eines Schiffes aus, auch nicht zum Spaß! Behalt es im Kopf, aber sprich es nicht aus: Es ist der Name eines kleinen Tiers mit langen Ohren, das gerne Karotten mag.*

***Woher kommt dieser Aberglaube?** Bei den ersten großen Überfahrten nahmen die Segler Tiere in Käfigen als Nahrungsmittel mit, darunter auch das Tier mit den langen Ohren. Aber sie knabberten alles an: Holz und Taue! Das Schiff war ihnen also regelrecht ausgeliefert!

Auf hoher See

Beim Segeln verwendet man das Wort **Steuerbord** für die rechte Seite und **Backbord** für die linke (immer vom Heck zum Bug betrachtet).

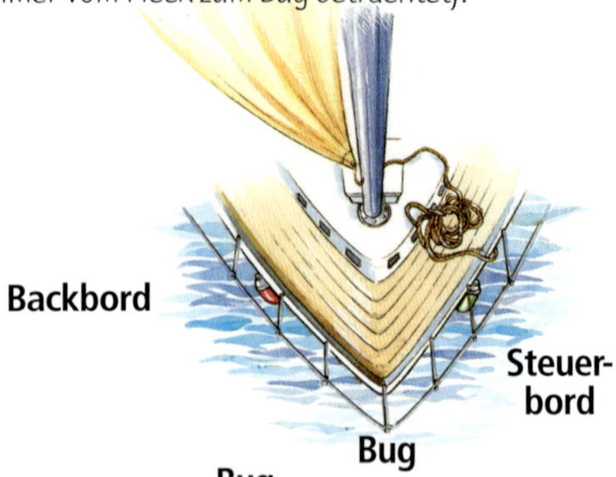

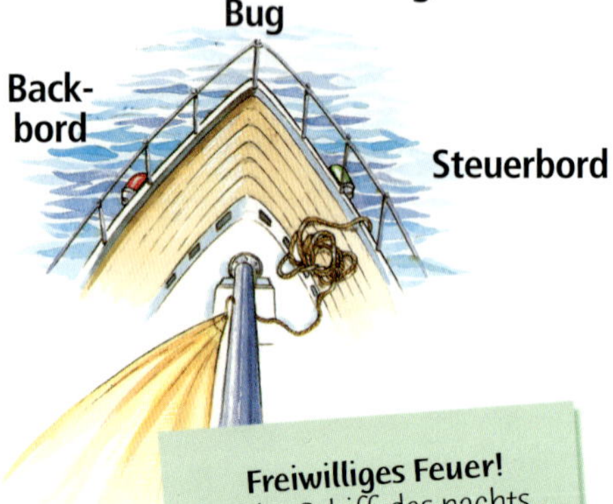

Rechts= Steuerbord= grün

Links= Backbord= rot

Hafeneinfahrt

Freiwilliges Feuer!
Jedes Schiff, das nachts segelt, muss zwei Lichter entzünden: **grün** an Steuerbord und **rot** an Backbord. Auf diese Weise wird es ausreichend schnell gesehen und nicht von anderen Schiffen gerammt.

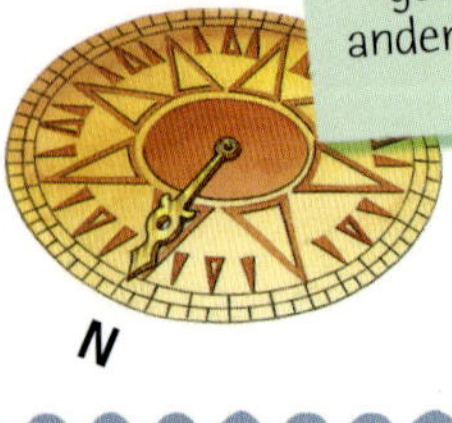

Der Fuß, der nautische Faden und der Knoten sind die drei Maßeinheiten in der Schiffssprache.

Der Fuß ist 33 cm lang, der nautische Faden entspricht etwa 5 Fuß, also 1 m 62, und der Knoten entspricht 120 nautischen Fäden oder 600 Fuß, also etwa 195 Metern.

Der Palstek

Tipp des Matrosen:
Der Palstek ist ein relativ einfacher Seemannsknoten, stabil und leicht zu entwirren. Versuch ihn nach der Anleitung oben zu knüpfen: Er kann in vielerlei Situationen nützlich sein, nicht nur auf einem Boot.

Heute werden mehr und mehr Leuchttürme automatisch betrieben. Aber Leuchtturmwärter gibt es immer noch.

Treppe in einem Leuchtturm

Das nennt man harte Arbeit!
Die Leuchtturmwärter nennen die Leuchttürme auf hoher See **„Hölle“**. **„Fegefeuer“** sind die auf einer Insel und **„Paradies“** die Leuchttürme auf dem Festland.

Meine Naturforscher-Notizen

Erlebnisse, die mich bewegt haben, Zeichnungen,
die ich nach meinen Beobachtungen angefertigt habe ...

Sport und Spiel am Meer

LERNEN IST IMMER WICHTIG!

Kinder, die gerade erst einen Segelkurs besucht haben, sind oft technisch besser ausgebildet als viele praktizierende erwachsene Segler!

Segeln

ein Surfbrett

Strandsegeln ist ein Geschwindigkeitssport. Die einzige Kraft beim Strandsegeln geht vom Wind aus, der durch das Segel eingefangen wird.

Strandsegler

Gleitschirmfliegen

Am Strand kann man herrlich Drachen steigen lassen!

Tauchen

Eine Sandburg ist ein Spaß, den man sich am Strand nicht entgehen lassen sollte.

Was auch immer du machst, schöne Ferien!

Bildnachweise:

Fotolia: Umschlag: pixarno, Unclesam, Bluestock, bb57, A. Dréan, tiero, ziggy, philippe Devanne, Coprid, Pavlo Vakhrushev, nico, synto, Heliosphile, E.Kernick, Romanchuck Dmitry. Vorsatz: Maria Neelsen. Seiten 4–5: gilspictures. Seiten 6–7: CARRÉ PIXEL. Seiten 8–9: twixx, creafilm, ziggy,yannik LABBE. Seiten 10–11: galam, Dev, evgenyatamanenko, Anthony duhamel, Stéphane Le Blan, Hugo, arquiplay77, jerome bono, coco, Beboy, Saenjo, Christian Musat, Claude Nissens, Laure Fons. Seiten 12–13: Ekaterina Pokrovsky, amphibol, nool, Tatiana Grozetskaya, Connfetti, corinne matusiak, Oktay Ortakcioglu, Christelle.delforge, andrewburgess, Dudarev Mikhail, Harald Biebel, Q, gontar, NICOLAS LARENTO, Carola Schubbel. Seiten 18–19: Pascal Perinelle, DeVIce, Jean-Luc GIROLET, Alexis BORG, seb hovaguimian, Gail Johnson, Bluestock, Hemeroskopion, Drac, matka_Wariatka, minicel73. Seiten 20–21: ueuaphoto, claireliz, Stéphane BOUILLAND, Pascal Perinelle, Philippe HAVEZ, COULANGES, jakezc, LeChatMachine, Tatiana Belova. Seite 23: celeste clochard. Seiten 26–27: BernardBreto, ck-africa, Christian Musat, Dominique VERNIER, BlickReflex, hmr, The Photos, Frank Waßerführer, Pavlo Vakhrushev, Immo Schiller, palmino, ijdema, surub. Seiten 28–29: bb57, Michaël BICHE, ijdema, ewanc, markrhiggins, Ingo Kohlschein, NICOLAS LARENTO, RG. Seiten 30–31: NICOLAS LARENTO, nialat, Michael Mill, Luftbildfotograf, AlexQ, Maksym Gorpenyuk. Seite 34: Unclesam. Seiten 36–37: Nicolas Dieppedalle, Christa Eder, philippev, Unclesam, Yanyko, Sergio Hayashi, Anna Kucherova, Clément Billet, imagika, Sean Gladwell. Seiten 38–39: jy cessay, CARRÉ PIXEL, Guillaume Besnard, Bernard BAILLY, Alexstar, L.Bouvier, timango, Giuseppe Porzani, FOOD-pictures, laurent hamels, Thibaut. Seite 42: Sergio Hayashi. Seiten 44–45: philippe Devanne, PackShot, photlook, A. Dréan, Philippe Devanne, lamax, Unclesam, Pascal Martin, artia000, pixarno, jharela, JONATHAN, franz massard, seb hovaguimian, Moustique. Seiten 46–47: PackShot, Bernard MAURIN, serge LEGRENZI, Pat on stock, MAXIME, monregard, Pixel & Création, Alonbou, grimplet. Seiten 52–53: Pascal Martin, philippe Devanne, franck steinberg, Marco Mayer, Giuseppe Porzani, SGV, TONO BALAGUER. Seiten 54–55: lioneldivepix, Heliosphile, Sébastien MIN, lainon, Richard Villalon, Pabkov, Picturefoods.com, manuel clerc, Olivier Le Moal, Carola Schubbel, grimplet. Seiten 58–59: Dev, gebo, nool, ZIHE, jerome berquez, Samu, Vice and Virtue, Richard Villalon, ArchMen, altug, Elenathewise, synto. Seiten 60–61: seb hovaguimian, Dominique LUZY, Jessica Blanc, Sébastien Delaunay, Stéphane Bidouze, synto, Bruno Delacotte, thibaud JACQUELINE. Seiten 66–67: Pixel & Création, lamax, Prod. Numérik, CARRÉ PIXEL, cynoclub, kato, Miguel Duvivier, LM, BlueOrange Studio, STOLBTSOV ALEXANDRE, Dan Race, Delphimages, Goran Bogicevic, creafilm.